NON EVULGANDUM

Conserver la couverture

L n 27/32158

Propter Sion non tacebo,
Et propter Jerusalem non quiescam. (IsAïE.)

LETTRE

A SON ÉMINENCE

LE CARDINAL NINA

SECRÉTAIRE D'ÉTAT

Avril 1879

MONTPELLIER
TYPOGRAPHIE LOUIS GROLLIER
Boulevard du Peyrou, 7 et 9

1879

LETTRE

A SON ÉMINENCE LE CARDINAL NINA

SECRÉTAIRE D'ÉTAT AU VATICAN

NON EVULGANDUM

Éminence,

Je regarde comme un devoir de conscience de vous informer d'un fait de la plus haute gravité, qui se passe à Rome, afin que vous en donniez connaissance au S. Père et aux Éminentissimes Cardinaux Préfets des Congrégations du S. Concile, des Évêques et Réguliers et du Tribunal de la Rote.

On m'a donné l'adresse dernièrement d'un avocat romain du nom d'Antonelli, Vià di Monserrato, 124, et j'ai engagé M. l'abbé Bodin, ancien curé de Saint-Eutrope, à Saintes, du diocèse de La Rochelle, à s'adresser à lui : c'est ce qu'il a fait. Il a envoyé à ce M. Antonelli, clerc ou laïque, je ne sais, un mémoire dans lequel il se plaint qu'après une convention intervenue, à l'instigation de Rome, entre lui et son Évêque, Mgr Thomas, de La Rochelle, il éprouve toute sorte de peines et d'ennuis, parce qu'il n'est pas appelé à la retraite ecclésiastique et, par conséquent, en est exclu ; parce que, bien qu'il soit chanoine honoraire, son nom ne figure pas sur la liste de ces chanoines ; parce que dans l'Église où il célèbre le S. Sacrifice on fait en sorte qu'aucun fidèle n'assiste à sa messe ; parce que, à cause de cette conduite de son Évêque envers lui, il est regardé comme un lépreux, etc., etc. ; et il prie soit le S. Père, soit son Éminence le Cardinal Préfet de la Congrégation du S. Concile, de remédier à ce triste état de choses, d'en parler à Mgr Thomas, qui doit se rendre à Rome dans peu de temps, et d'obtenir de lui, pour couper court à toute cause et occasion d'ennuis mortels, de lui rendre sa cure en revenant sur la convention, Rome ayant reconnu que M. Bodin en avait été dépossédé injustement.

Or, Éminence, voici la lettre que M. l'abbé Bodin a reçue de la rue di Monserrato, en réponse à la sienne :

« *A M. l'abbé Bodin, à Saintes (Charente-Inférieure).*

» Monsieur,

» Votre lettre à l'avocat Henri Antonelli,
» arrivée à mon domicile, a été ouverte et lue
» par votre serviteur, dans la persuasion qu'elle
» était pour lui, attendu que M. Antonelli n'a
» jamais habité la maison indiquée.

» Avant de la remettre à son véritable desti-
» nataire, j'ai cru entrer dans les vues de Dieu
» en vous soumettant les considérations sui-
» vantes :

» 1° Votre lettre à Léon XIII ne sera pas lue
» par le S. Père, qui ne peut s'occuper des affai-
» res particulières; elle sera remise au secré-
» taire de la Congrégation du Concile, qui en fera
» rapport au *Congresso*.

» Celui-ci, ou refusera d'introduire votre
» cause, qu'il regardera comme définitivement
» terminée, ou, ce qui serait plus fâcheux en-
» core, il fera au Pape un rapport tendant à
» cette conclusion, qui vous sera formulée en
» forme de jugement : « M. Bodin ayant ap-
» pelé au Souverain Pontife de la cause jugée
» le 12 décembre 1874 et conclue pratiquement

» par une convention intervenue entre les par-
» ties en 1875, le Pape a ordonné de répondre
» qu'il n'y a plus lieu de revenir sur l'affaire. »

» Ce n'est pas au hasard que je vous tiens ce
» langage.

» Deux fois, depuis un an, j'ai vu des causes
» justes et émouvantes comme la vôtre arriver à
» ce résultat.

» Le dire de votre avocat à la personne qui
» vous l'a rendu est une fin de non-recevoir ve-
» nue de la S. Congrégation, qui ne veut pas
» mécontenter un puissant évêque et qui ne
» craint pas de laisser opprimer un faible prêtre.
» Quand la Congrégation plénière, bien plus sûre
» que le *Congresso*, a rendu un jugement favo-
» rable au faible, le Congrès le notifie au Prélat
» et lui en remet l'exécution : par ce mode d'a-
» gir, il anéantit l'effet de la sentence. L'Évê-
» que ne remet pas le texte du jugement, puis
» il l'explique et l'applique à son profit.

» Je crois que le meilleur moyen à prendre
» serait de faire imprimer votre Mémoire, aussi
» abrégé que possible, quoique complet, et de
» l'adresser au Pape, à tous les Cardinaux et
» avocats, afin de révéler la situation des prê-
» tres en France et de provoquer une réforme.
» Il ne faut point faire imprimer en France. On

» reconnaîtrait votre style, et l'Évêque vous
» frapperait; il faut faire imprimer en italien,
» puisque c'est à Rome que le mal doit être ré-
» vélé.

» Le Mémoire ne portera point votre signature,
» ni de nom d'imprimeur pour ne donner aucune
» prise.

» Le coût de l'affaire sera dépendant de l'é-
» tendue du Mémoire, soit 30 fr. de la feuille
» pour 500 exemplaires et 50 centimes pour une
» page de traduction : mes démarches ne vous
» coûteront pas beaucoup, puisque c'est vous,
» le traducteur et l'imprimeur qui ferez tout le
» travail.

» Si vous acceptez ma proposition, envoyez-
» moi de suite votre Mémoire abrégé, et il pa-
» raîtra en même temps que celui des deux au-
» tres dont je vous ai parlé.

» J'ai plusieurs raisons très-fortes pour espé-
» rer que ce procédé aboutira au résultat que
» depuis si longtemps les prêtres français dési-
» rent et poursuivent.

» Si, au lieu de votre Mémoire, vous consen-
» tez que je me serve du simple exposé que
» vous faites dans votre lettre à M. Antonelli,
» écrivez-le-moi de suite, et quand votre Évê-
» que arrivera à Rome, le mois prochain, il

» trouvera entre les mains du Pape et des prin-
» cipaux personnages de Rome les pièces de sa
» conduite en votre cause.

» La guerre contre le droit canonique et la
» justice pontificale se poursuit avec une nou-
» velle recrudescence par vos Évêques.

» Il faut porter le théâtre de cette guerre à
» Rome et en saisir le public ecclésiastique, y
» ramener le respect des lois canoniques et des
» formes judiciaires que trop souvent on sacrifie
» dans les causes entre Évêque et Curé fran-
» çais.

» Je crois que votre Évêque est gallican,
» comme l'était son prédédesseur. Quelques dé-
» tails biographiques surtout me seraient bien
» utiles.

» Votre respectueux et tout dévoué serviteur.

» LORENZO VOCCI.

» Vià di Monserrato, 124, Rome. »

ÉMINENCE, par esprit de charité envers un confrère malheureux, j'avais bien voulu lui donner quelques conseils. J'ai parlé de lui dans ma lettre à Sa Sainteté Léon XIII, que je pris la liberté et j'eus l'honneur de vous envoyer en hommage, quand elle parut l'an passé, au mois de mars. J'ai lu avec indignation et colère la lettre de Lorenzo Vocci; je me suis dit: c'est un escroc ou il veut se venger. J'ai écrit à M. Bodin de rester tranquille; mais comme je sais qu'un mémoire composé probablement par les mêmes hommes a été publié à Rome avec le nom de Marietti, dans l'intérêt des prêtres français, j'ai cru devoir dénoncer à Rome ces hommes pervers.

ÉMINENCE, mon cœur a bondi de colère et d'indignation en lisant la lettre de Lorenzo Vocci, parce que mon cœur ne cesse de battre du plus vif amour pour Rome, où j'ai étudié pendant plus de deux ans et que j'ai souvent revue depuis, pour Rome que cette lettre offense; parce que j'ai de la charité pour mes confrères malheureux, dont beaucoup me confient leurs peines amères et me demandent conseil, et dont des moyens tels que ceux que cette lettre indique ne peuvent qu'aggraver la triste et lamentable position.

J'ai cru devoir faire imprimer cette lettre (qui ne sera en aucune manière livrée à la publicité, cela va de soi), afin que Votre ÉMINENCE pût la lire facilement et en remettre à qui Elle croira à propos de les donner les 12 exemplaires que je Lui envoie.

M. l'abbé Bodin écrira tout simplement une

lettre à Son Éminence le Cardinal Préfet de la S. Congrégation du S. Concile, afin que Rome, si c'est possible, porte remède à ses maux.

Je suis, avec le plus profond respect, et un dévouement entier à la Sainte Église Romaine et à Sa Sainteté Léon XIII,

De Votre Éminence,

Le très-humble et très-obéissant serviteur,

L'abbé J^h OLIVE,

Docteur en théologie de l'Université de St-Thomas (Rome), Curé de Mas-Blanc, par Bédarieux (Hérault).

14 avril 1879.

www.ingramcontent.com/pod-product-compliance
Lightning Source LLC
Chambersburg PA
CBHW070544050426
42451CB00013B/3164